10

Carte Geographique

de la

COUR,

ET

autres galanteries

Par

RABUTIN.

A COLOGNE.
Chez Pierre Marteau.
MDCLXVIII.

Carte Geographique
DE LA
COUR.
& autres pieces curieuses.

LE pays de Bragues a les Cornutes a l'Orient, le Ruffiens au couchant, les Garsentins au Médy & la Prudomaigne au septentrion, le Pays est de fort grande estendue, & fort peuplé par les Colonies nouvelles qui s'y font tous les jours, la terre y est si mauvaise que quelque soing qu'on apporte a la Cultiver, elle est presques tousjours sterile, les peuples y sont faineants, & ne songent qu'a leurs plaisirs, quand ils veulent cultiver leurs terres, ils se servent de Ruffiens leurs Voysins, qui ne sont separés que par la fameuse Riviere de la Cárogne, la maniere
A   dont

dont ils traittent ceux qui ont fervis, eſt eſtrange, car apres les avoir fait travailler nuit & jour des années entieres, ils les renvoyent dans leurs pays bien plus pauvres qu'ils n'en eſtoient ſortis, & quoi que de temps immemorial, l'on ſcache qu'ils en uſent de la ſorte les Ruffiens ne s'en corrigent point pour cela, & tous les jours paſſant la Riviere, Vous Voyéz aujourdhuy ces peuples dans la meilleure Intelligence du Monde le Commerce eſt eſtably parmy eux, & le lendemain ils ſe voulent couper la gorge, les Ruffiens menacent les Bragues de ſigner l'union avec les Cornutes Ennemis communs les Bragues demandent une entreveue ſachant que les Ruffiens ont tousjours tort. quand la paix ſe fait chacun s'embraſſe, enfin les peuples ne ſauroient ſe paſſer les uns des autres en façon du Monde, dans le Pays des Bragues il y a pluſieurs rivieres, les Principales ſont la Carogne, la Coquette & la Preticuſe

qui

De la COUR.

qui séparent les Bragues de la Prudomaigne, la source de toutes ces Rivieres vient du Pays des Cornutes, la plus grosse & la plus Marchande est la Carogne, qui va se perdre avec les autres dans la mer de Cocuage, les meilleures Villes du Pays, sont aussi sur la Carogne, elle commence a porter le batteau.

Guerchy Ville assez grande bastie a la moderne a demi lieu du grand chemin mais la Riviere se jettant tout de Costé la sappe en sorte, que dans peu, le grand chemin sera de passer a Guerchy il y à quelque temps, * que c'estoit une Ville de grand Commerce elle traffiquoit a Malthe & Lorraine, mais comme elle s'est ruinée par la Bancqueroutte que les gens du Pays luy ont faites, elle traffique a present en Castille dont les † marchands sont de meilleure foy.

Plus

* M. Le Commendeur de Malthe & le Chevalier de Lorraine.
† Ianin de Castille.

Plus bas on rencontre un grand Bourg qu'on nomme fourdis les maifons chacun en deftail y font fort belles & engros c'eft le lieu du Monde le plus desagreable, cette terre eft frontiere de l'Eglife, ce qui eft caufe que la Ville eft fort ruinée des gens de guerre, le Seigneur du lieu eft abbé * Commandataire homme Illuftre qui a paffé, par tout les desgrez & qui a efté long temps Archidiacre en plufieurs Villes de cette Province.

†De la vous venéz a S. Loup petite Ville affez forte, mais plus par l'infanterie qui la garde que par la force de fes Remparts.

A trois lieux de la vous trouvez la Suze qui change fort feuvent § de gouverneurs & de Religion, le Peuple y aiment les belles lettres & particulierement la Poëfie.

Apres

* L'*Abbé Fouquet.*
† Mr. *de Candalle Colonel de l'Infanterie.*
§ Mr. *de Guife & de Malicorne.*

De la COUR.

Apres cela vous avez pont sur Ca-rogne il y à eu long temps dans cette place deux gouverneurs de fort differente condition, en mesme temps, & qui cependant vivoient dans la meilleure intelligence du Monde la fonction de l'un, † estoit de pouvoir à la subsistance de la Ville, & celle de l'autre au plaisir, le premier y a presque ruinée sa maison & l'autre à fort alteré sa santé cette place a eu du depuis grand Commerce en Flandres elle est maintenant une Republique.

A une lieu de cette Ville vous en trouverez une autre, que l'on nomme belles, quoy que le Chasteau n'estoit pas fort élevé la Ville est neantmoins fort belle si la Cimetrie y avoit esté observeé, la nature en est si charmante que s'auroit * esté le plus beau lieu du Monde elle a eu plusieurs Gouverneurs le dernier est un homme de naissance, pau-

† Mr. de Guises & de Malicorne.
* Messieurs de Clerembaut Escuyer de Madame.

pauvre mais de grande reputation, d'autre part & qui en a beaucoup acquis dans un autre place située sur la mesme Riviere, cette Ville ayme fort son Gouverneur, jusque la qu'ayant peu de bien, comme il à elle engage tous les jours ses droits pour le faire subsister honorablement.

* A demi lieu de la est Pommereuil autres fois si celebre pour le sejour qui a fait un Prince Ecclesiastique dans ce temps la il y avoit une Evesché mais l'Esveque se trouvant mal logé, le Siege Episcopal fut transferé a L'ediguiers.

l'Ediguieres est une ville asséz forte quoi que fort Commendé par une Eminence elle est moitie Champetre, & imprenable, elle a pourtant esté prise & ruinée comme tout le monde sçait aussi que la maniere dont elle fut traitté par un hôme a qui elle s'estoit ren-

* Le Cardinal de Retz, pour lors Archevesque de Corinthe.

† rendue, sous des conditions avantageuses, mais voyant qu'il n'y auroit point de foy parmy les gens d'Espée elle se jetta entre le bras de son Esvesque qu'elle prit pour son Gouverneur.

* Prés de la entre la Coquete & la Carogne est la Ville d'Estamps ou Vallancay qui est fort ancienne, & de plus grosses du Pays c'est une place fort salle & remplies de marais que l'on dit estre fort infecté par la nature du terroir qui est fort putride & tout en friché presentement, la Ville estoit belle en apparence, le peuples n'y estoit pas fort blanc, mais la demeure en a tousjours esté fort incommode a cause de l'inconstance de ce peuple & de son humeur querelleuse & fantasque avec lequel on n'a jamais peu † prendre des mesures certaines, il y á eu des gouverneurs sans nombre on y ay-

---

† Le Cardinal de Retz.
* Madame de Pisieux.
† Mr. le Garde de Sceaux de chasteau neuf.

aymoit fort les changement & la despense, celuy qui a esté le plus long temps est un vieux Satrape, homme Illustre qui mourut dans le gouvernement la Ville en fait les deuil continuel & de puis ce temps elle est demeuré deserte & l'on n'y va presque plus en pelerinage, aussi-bien ne luy reste il maintenant que de vieux Vestiges qui font remarquer que ça esté autrefois une grosse ville.

La Ville de Biron a esté fort agreable mais le grand nombre de * gouverneurs la ruinée, toutes les defences en sont abbatues depuis la premiere fois qu'elle fust prise, c'est aujourdhuy une place a prendre d'Emblayes, les aucunes en sont assez belles, hormis du costé de la Principale, ou il á un bois de haute futage, salé & Marecageux que le Gouverneur n'a jamais voulu qu'on coupast, j'appelle Gouverneur celuy qui en á le nom car l'ad-

* L'abbé d'Effiat.

l'administration de la Ville depend des tant de gens, que c'est a present une Republique.

Savigny, dont la situation est aggreable, á esté autre fois fort Marchande Montmaron proche parent de Cornutes en fust Gouverneur, mais il en fust chasté par un cornut Engeuin qui l'a gouvernée paissiblement lequel partageoit le gouvernement avec un autre * Comte Bourgignon.

La Ville d'Arcourt est de grande reputation il y á une Celebre université, la Guerre qu'elle á eue depuis long temps avec un Prince des Cornutes la bien diminuée de sa premiere splendeur, c'est une scituation pareille a celle de Biron le gouvernement en est semblable & c'est un passage.

† La Ville Palatine est fort connue il y

* *Le Comte du Bussy.*
† *Messrs les Marchaux de Grammond & d'Albret qui pour avoir quelques Carnosités, le sondés avec des bougies.*

il y á fort long temps qu'on y alloit en devotion, chacun y portoit ſa chandelle on dit que les Pellerins en revenoient plus mal quils eſtoient allés. C'eſt une place qui change fort ſouvent de Gouverneurs, par ce qu'il faut eſtre nuit & jour ſur les remparts & l'on ne peut long temps fournir á cette fatigues celluy qui y * Commande á preſent eſt un eſtranger & quoi que les habitás en paroiſſent fort ſatisfaits la Ville, eſt de ſi grande, garde, que les Gouverneurs eſtant obligé de demeurer nuit & jour ſur le rempart vray ſemblablement il la quittera bien toſt pour ne pouvoir pas fournir a cette fatigue on remarque une choſe en cette Ville c'eſt que le peuple eſt ſubject á une maladie qu'on appelle chaude Crache contre laquelle on ſe ſert de gargariſmes.

Plus loing ſur la Carogne eſt la Ville de Chevreuſe qui eſt une grande place fort ancienne toute delabrée

* *Le Duc de Bouquinquant.*

brée dont les logements sont tous de
* couverts, élle est neantmoins asséz
forte des dehors mais mal gardée de
desdans, elle á esté autrefois tres fameuse, & fort marchande & á traffi-
qué en plusieurs Royaumes, maintenant la Citadelle, est toute ruinée par
la quantité des Sieges qu'on y a faits
pour la prendre l'on dit qu'elle s'est
renduë souvent á discretion, le peuple y est d'une humeur fort incommode, † elle á euë plusieurs Gouverneurs, elle en est mal pourveuë á present car celuy qui est en charge n'est
plus bon á Rien.

L'Isle est une petite Ville dont la
Situation parut d'abord asséz avanta-
geuse á cause qu'elle est au milieu de
la Carogne, mais cette Riviere estant
gayable de tous Costés en ‡ cet en-

A 6 droit

* *En Espagne Angleterre Paysbas ou elle s'est retirée pendant sa disgrace.*
† *Le Comte de Laigre.*
‡ *C'et une Dame de Bretagne qui à paru autrefois à la Cour.*

droit la la Place n'est pas si forte, comme si elle estoit dans la plaine, si tost que vous en approchéz il vous vient une senteur de chevaux morts si forte, qu'il n'est pas possible d'y demeurer, il n'y a personne qui y puisse coucher plus d'une nuict, encor la trouve on bien longue aussi le lieu s'en va bien tost devenir desert.

Champré est une de plus grosse Ville du Pays, elle a plus de deux Lieux de tour, il y a une place au milieu de la Ville de fort grande estendue, elle est scituée dans un marais, qui ne la rend pas pour cela plus inaccessible, car comme a fort bien remarqué le Geographe de ce pays la, les habitans de cette Ville qui sont gens de grand Commerce on fait plusieurs levées pour faire batir un pont par ou on vient fort aisément.

Arnaud est une Ville fort semblable a Champré tant pour l'aggreement de sa Place, que pour la Scituation

tion hors qu'elle est encor plus marrecageuse, & tellement qu'il ne se peut d'avantage, le Gouverneur á grand soing de cette Place, car elle luy vaut beaucoup il n'y fait pas un pas qu'il ne soit payé & s'il avoit mancqué une nuict á coucher sur le Rempart le Lendemain il n'auroit pas de quoy disner, & le second jour il n'auroit pas de chemise, c'est le lieu du Monde ou l'on fait mieux faire l'exercice; mais aussi c'est le lieu ou on est mieux payé.

De la vous venéz a Comminges petite Ville, dont les maisons * sont peintes au dehors, ce qui est cause que cela paroist nouvellement basti, & cependant elle est asséz ancienne, le Gouverneur d'aujourdhuy est un vieux Satrape de Russie, qui n'a le gouvernement que par Commission, & qui á cause de son aage est tousjours á la Veille d'estre depossedé j'ay ouy dire

* Le Mareschal du Plessis.

re á des personnes qui y ont esté que la principale porte de la Ville est si proche d'une fausse porte qui conduit á un Cul des ac que bien souvent l'on prend l'un pour l'autre.

A deux lieux de la vous rencontréz le Tillet, grande Ville ouverte des tous costés, le peuple y est grossier le terroir gras & asséz beau, cependant on remarque qu'un homme raisonnable ne peut y demeurer deux jours, mais comme il y a plus de sots que d'honneste gens, le lieu n'est jamais Vuide.

Prés de la vous avéz St. Germain Beaupré c'est la que la Coquette se joint á la Carogne, * c'est une Ville fort agreable, le premier Gouverneur qu'elle eust estoit du Pays des Cornutes, il s'empara de ce gouvernement contre son gré il en fust pourveu en titré d'office c'estoit un homme extraordinaire, & tout á fait bizare en sa façon

* *C'est le Mary qui aime á contraire des femmes.*

façon d'agir, d'abord il voulut changer le plus anciennes coutumes de la Ville, & inventoit tousjours quelque chose, entre autre il declarà un jour, qu'il ne vouloit plus entrer que par la fausse porte, & pour moy je croy, que ce n'estoit point sans fondement mais la Ville jugeant que si cela avoit lieu elle perdroit tous les droicts affectés, au passage de la grande porte s'y opposa avec tant de Vigueur qu'il ne put parvenir á ce dessein, il fust aussi long temps interdit de sa charge & depuis meme qu'il á esté remis les Gouverneurs ont fait toutes choses dans la Ville par compassion.

Prés de la est la Grimaud, qui donne au Grimaudins, elle est scitué au pied des Montagnes, c'est une Ville fort salle á cause des torrents qui tombët de toutes parts dans la Carogne en cet endroit la, ce qui rend cette Riviere si trouble qu'on diroit que ce n'est pas la mesure qui est a deux lieux au de la

au miau milieu de la Ville elle se cache sous terre par un grand Canal que la nature a fait, qu'on appelle Vulgairement le trou Grimauld elle ne sorte qu'a deux de la, c'est à dire à l'endroit ou elle entre dans la Pretieuse.

* A quatre lieux de la est Chaftillon grande & belle Ville par de hors & mal batie au dedans, les Peuplé y aiment l'argent, elle á esté si fort persecutée par deux princes qu'elle á esté contrainte de se jetter entre le bras de l'Eglise un Abbé Commendaire en à eu le Gouvernement mais á esté Chassé pour vouloir trop entre prendre sur le peuple de la Ville, maintenant il n'y en á plus car on le veut obliger à servir nuict & jour & à payer la despense.

La Vergne est une grande Ville fort jolie & si Devote que † l'Archevesque y à demeuré, le Duc de Brissac

* Condé. Nemours. Abbé. Fouquet.
† Le Cardinal de Retz.

sac en demeura principal Gouverneur le prelat ayant quitté.

De la vous venéz a Montaufier grande Ville qui n'eſt pas fort belle mais agreable, la Pretieuſe paſſe au milieu qui eſt une Riviere de grande reputation l'eau en eſt claire & nette il n'y a lieu au monde ou la terre ſoit mieux Cultivée.

Fienne eſt une grande Ville toute de labrée qui n'eſt fameuſe que par la Carogne qui paſſe au milieu le ſejour en eſt desagreable tant pour ce que les maiſons ſont anciennes & mal faites, qu'il y á une odeur ſi mauvaiſe que quelque Intereſt qu'on ait d'y demeurer on eſt contraint á la fin des ſortir, pour conſerver la ſanté le Gouverneur eſtant un homme de peu de credit á qui on a donné le Gouvernement par forme ſans l'intrigue des habitans & le Commerce qu'ils font avec les Eſpagnols, cette Ville manquequeroit bien toſt de ſubſiſtance.

A quatre lieux de cette Ville, vous en trouvéz une autre bien different elle eſt ſur la Pretieuſe ; c'eſt une Ville fort conſiderable pour la beauté de ſes edifices, on l'appelle d'Olonne c'eſt un lieu fort paſſant on y donne le Couvert a tous ceux qui le demandent il y faut bien payer de ſa perſonne, ou payer ſon giſte.

Beauvais ſur la Carogne eſt une petite Ville dans un fond, ou l'on ne voit le jour quá demi & dont les Baſtimens ſont tres deſaggreables elle á eue neantmoins des gens, de tres grande condition pour Gouverneurs entre autres un Commandeur de Malthe qui a laiſſé d'une belle Infanterie on ne s'eſtonnèra point que des gens de naiſſances & de merite ſe ſoyent arreſtés á un ſi meſchant coſté quand on ſcaura que çá eſté le principal Paſſage pour aller á la Ville de *Dom An-*

Anna, ou tout le commerce & traficq de Païs se faisoit durant qu'on battissoit le fort L. depuis que ce fort est entrée dans ses droicts la Ville de Beauvais n'a plus eüe de Gouverneurs de marque mais de gens de basse Estoffe & incognus que la Ville y entretient, quoy quelle ne vaille plus la despence ceux cy ont tousjours eu soing de bien maintenir l'infanterie.

Guise est une Ville sur la Pretieuse asséz grande & ou il se trouve des belles antiquités, * plusieurs ont creu que cette place s'estoit gardée par ses forces mesmes, mais on asseure qu'il y á eu un Gouverneur, comme en tiltre d'office qu'on á tenu caché à cause que ses merites, n'estoient point proportionnés a l'importance de la Place d' ou il à esté chassé à cause qu'il ne visitoit plus que de loing à loing la place d'armes, il y avoit laissé de l'Infanterie mais, à cause

* Mr. de Montresor.

se qu'elle estoit plus misible qu'utile pour la conservation de la Ville elle en à esté Chassée, & envoyée en Hollande il y en à qui disent que la disgrace de Gouverneur est plustost venue de ce qu'il avoit plus d'attache pour la Ville de Cheureuse.

† Longille est sur la mesme Riviere que Guise, est une grande Ville & asséz belle il y à eu quatre Gouverneurs dont les uns estoient les premiers Princes du Pays, les autres de plus qualifiés Seigneurs apres ceux la, d'ou on a failly a perdre sa place pour de l'Infanterie qu'il y avoit jettée hors de temps qui a fort endommagé la Ville laquelle ‡ se gouverne à present elle mesme, & s'est tellement fortifiée qu'il n'y a point d'ennemis si fort qui en osent faire l'attaque.

† *Le Comte de Colligny.*
‡ *Messieurs de la Rochefaucault freres.*

F I N.

MAXIMES
d'AMOUR
PAR
RABUTIN.

Aimes, mais d'un amour couvert
Qui ne soit jamais sans mistere
Ce n'est pas l'amour qui nous perd
Mais la maniere de le faire
Si vous voulez rendre sensible
L'objet, dont vous etez charmé
Pourveu que dans le Cœur, il n'aie
    rien d'Imprimé
La recepte en est infaillible,
Aimez, & vous serez aimé.
Sylvandre dans l'incertitude
Quelle il aimeroit mieux, la coquette,
    ou la prude
Et ne pouvant en fin se resoudre a
    choisir

Me demanda qu'elle victoire
Seroit plus selon mon desir
Voulez vous, luy dy-ie me croire
La prude donne plus de gloire
La Coquette plus de plaisir

L'Hyperbole plaît aux amans.

Tout est siecle pour eux, ou bien est
    un moment
Et jamais au milieu leur calcul ne de-
    meure
Ils vont tous a l'extremité
Ils disent que leur bien ne dure qu'un
    quart d'heure
Et leur mal une eternité.

Pour les Dames.

Quand vous aimez passablement
On vous accuse de folie
Quand vous aimez infinement
Iris on en parle autrement
Le seul excez vous Justifie
Pour être une maitresse aimable
Il faut que vôtre feu s'augmenté nuit
    & jour.

Et

Et l'excez ailleurs condemnable
Est la mesure raisonnable

Que l'on doit donner de l'amour.

Vous me dites que vôtre feu
Est assez grand, belle Climene
Vous ignorez donc inhumaine
Qu'en amour assez c'est trop peu
Ce pendant la chose est certaine
Et si sur ce chapitre on croit les plus
 sensez
Quand on n'aime pas trop, on n'aime
 pas assez.
Une maitresse a son amant
Encor que quelques uns en palent au-
 trement
Doit de tous les Secrets un entier sa-
 crifice
Et Lors qu'un de ses amis fait
Qu'elle a decouvert son secret
Il faut qu'il se fasse justice
Quand on se donne, on doit juger
Qu'on n'a plus rien à menager
Amans, qui prenez mes leçons
Ne vous donnez jamais, n'y crainte
 ny soupçons

On

On n'aime pas long temps, alors qu'on se defie
Mais si l'un de vous deux vous sembloit moins aimer
Quitez le plutôt la, que par la jalousie
Vouloir se renflammer.
S'il arrive dans vos absences
Des Sujets d'eclaircissement
Amans faitez vos diligences
A vous eclaircir promtement
Mais si vous n'osez pas librement vous ecrire
Jusqu'a vôtre retour il faut la tout laisser
Plutôt que de ne pas tout dire
Et par la vous embarasser
A Lors qu'un commerce amoureux
Finit enfin avec Rudesse
Si l'amant du tems de ses feux
A fait des dons a sa maitresse
Il ne doit rien redemander
Ny la maitresse rien garder.
L'amant qui quitte sans raison
Doit le secret de sa maitresse
Elle aussi luy doit du poison,

Mais

Mais si c'est elle qui le laisse
Il peut tout dire & tout montrer
En un mot la deshonorer
C'est vouloir, pour en langue un peu
   commune
Prendre la lune avec les dens
Que de vouloir en méme tems
Faire l'amour & sa fortune
Car tout ce que l'amour peut faire
C'est de durer pour Iris, s'il est bien
   conduit
Mais bien que quelques uns, nous di-
   sent le contraire
Qui le partage le detruit
Encor qu'il soit presqu'impossible
d'Etre d'un méme obiet toujours fort
   amoureux
Il faut pourtant, pour etre heureux
A Lors que l'on devient sensible
Il faut, & c'est un grand secours
De croire qu'on aimera toujours
Quand un Rival vous presse
Et vous fait trop de mal
C'est contre une maitresse
Qu'il faut étre brutal

B   Pour

Pour moy je veux en ma maitreſſe
La derniere delicateſſe
Je ſuis ſur ce ſujet de l'avis de l'eſſard
Et ce n'eſt pas aſſez, Tircis a mon
    egard
Qu'elle ſoit bien morigineé
Je ne veux pas encor qu'elle ſoit ſoup
    conneé
Il faut qu'une maitreſſe honnéte
Ait pour étre ſelon mon cœur
De l'emportement téte a téte
Partout ailleurs de la pudeur.
Que les apparences ſoient belles
Car on ne juge que par elles.
Qu'elle m'octroyera la derniere fa-
    veur
Autrement elle n'aura pas mon cœur
Et aprez avoir eu des faveurs de Carite
Par la force de mon merite
Si cette belle avoit beſoin
Ou de mon bien, ou de ma vie
Je n'aurois pas de plus grand ſoin
Que de contenter ſon envie
Les vrais amans ſont comme les char-
    treux
                        Car

Car tout est commun entr' eux
Vous devez a vôtre conduitte
Des Soins, qui me font superflus
Quand on dit que j'aime Carite
Je vous gueris l'esprit en ne la voyant
plus
Mais quand on dit, que vous aimez
Orante
Vous me montrez en vain, que vous
étez ignorante
Si le monde n'en voit autrement
Je n'en dois pas étre content
Tant que sans étre aimez, nous ne
sommes qu'amans
C'est a vous a souffrir mille & mille
tourmens
Mais aprez que vôtre maitresse
A pris pour vous de la tendresse
Tous les soins doivent étre egaux
De méme que les bien en partage les
maux
Je suis surpris je le confesse
A lors que je voy quelque amant
S'appliquer aussy fortement
A ses Chevaux qu'a sa maitresse

B 2   Et

Et les aimer egalement
On est bien ridicule, alors qu'on se propose
D'avoir le jeu, l'amour, & la guerre en esprit
Je sçay bien qu'en aimant, il faut faire autre chose
Mais tout, hormis l'amour, par maniere d'aquit
A son amant accorder sa Requéte
Est une chose fort honnéte
Mais pour augmenter son plaisir
Il faut souvent le prevenir
Car je soutiens devant toute la terre
Que l'on ne se fait point valoir
En amour, non plus qu'a la guerre
Quand on ne fait que son devoir
Alors que vous vous parlerez
Dans tout ce que vous vous direz
Amant pas un mot de rudesse
Ny dans vôtre ton point d'aigreur
L'amour subsiste par adresse
L'amour s'entretient par douceur
Si vous voulez, Iris, que vôtre affaire dure

Ne

Ne vous relâchez point dans la prof-
 perité
Et pour amuſer la pâture
Qui ſe plait a la nouveauté
Recommencez toujours juſques aux
 bagatelles
En avoir c'eſt la verité
Les recommencemens valent choſes
 nouvelles
Je ne dy pas, Iris, qu'un amant delicat
Rompe avec ſa maitreſſe, & meme a-
 vec eclat
Lors que pour ſon Rival ſans ceſſe
 l'on ſoupire
Mais lors qu'un grand amour a bien
 ſurpris un cœur
L'air bruſque luy deplait, & les eclâs
 de rire
Et ſon veritable air c'eſt celuy de lan-
 gueur
Tous les temperamens ſont propres
 a l'amour
Mais en verité les uns plus que les au-
 tres
Amans pleins de langueur ne changez

pas les vôtres
Avec les gens de feu vous perdriez au retour
De ceux cy la Chaleur a plus de violence.
Mais d'ordinaire ils ont moins de perseverance
Et quand ils aimeroient aussy fidellement
Ils font aussy l'amour moins agreablement
Si bien que ne pouvant prendre une autre nature
S'ils font bien ils prendront on de certains momens
De la langueur au mains le ton est la figure
A lors que Téte à Téte ils feront les amans
Une honnéte maitresse, & qui tâche deplaire
Est sur toute chose sincere
Elle craint plus lors qu'elle ment
D'étre elle méme sa partie
Que de déplaire a son amant.

S'il

S'il la prenet en menterie
Qui ment a ce qu'on aime, est fort mal a son aise
S'il n'a point a l'honneur encor tourné le dos
Les vrais amans qui font chose mal a propos
Sont suiet a la tendresse
Aussy bien que les vrais devots
Une honnéte maitresse àime sa verité
Et prend toujours plaisir a la sincerité
Mais si pour s'excuser auprez de ce qu'elle aime
Elle parle une fois moins veritablement
Elle craint plus en ce moment
Ce qu'elle se dit en soy méme
Que ce que luy dit son amant
Je suis contre le sentiment
Qu'on ne voit point de sage amant
On peut fort bien, a lors qu'on aime
Avoir encor de la raison
Mais a lors qu'en tous lieux, & en toutes saisons
La prudence est extreme

B 4   L'a-

L'amour n'est pas de même
La longue absence en amour ne vaut rien
Mais si tu veux, que ton feu se ternisse
Il faut se voir, & quitter par reprise
Un peu d'absence fait grand bien.

Sur la Recherche
DE LA NOBLESSE
Par Rabutin.

Depuis six moins, l'on ne voit que noblesse
 Le long de ces chemins
Chargez de sacs, & remuant sans cesse
 Tous leurs vieux parchemins
Disant voicy de quoy vous montrer comme
 Je suis gentilhomme moy, je suis gentilhomme.

Mais l'on n'a pas achevé de produire
 Qu'un Commis bousseau
Dit aussitôt ne cherchant qu'a leur nuire

Je m'inscriray en faux
De ces contrâs la grosse je rebutte
J'en veux la minute moy, j'en veux la
 minute.

Vous demandez une chose incivile
 Dit le noble asnié
Car si les rats d'un papier si fragile
 Ont fait leur déjeuné
Ou si le feu les a reduit en cendre
Ou les puy-je prendre moy, ou les
 puy-je prendre.

Ce n'est pas la, répond un de ces dro-
 les
 Les pieces qu'il nous faut
Produisez nous bô nombre de pistoles
 D'or qui ne soit pas faux
Et je vous feray, me donnant bonne
 somme
Ancien gentilhomme moy, ancien
 gentilhomme.

Si vous voulez donner une remise
 Je vous satisferay
Et vendray plu-tôt jusqu'a la chemise
 B 5

Ou j'én aporteray
Quoy que je n'ay commis de derogeance
J'aime l'asseurance moy, j'aime l'asseurance

Lors ce Commis entendant ces promesses
D'un ton un peu plus doux
Vous passerez, leur dit il a la presse
Et j'auray soin de vous
Et fussiez vous vilain de cent dix races
Je vous feray grace moy, je vous feray grace.

Sire áprouvez s'il vous plait nôtre zele
Par un arriere ban
Envoyez nous contre les Infidelles,
Qui portent le Turban
Nous craindrons moins deux mille Janissaires
Que deux Commissaires nous, que deux Commissaires.

Quoy

Quoy que je sois de fort basse naissan-
ce
   L'on m'apelle baron
Mais ce n'est pas de ces anciens de
France
   L'on connòit bien mon nom
Fort Incertain du côté de mon pere
Je tiens de ma mere moy, je tiens de
ma mere.

F I N.

EPIGRAME.

J'Ay Recherché pendant tout un hiver
Une Felix inexorable
Mais amy je me donne au diable
Si jamais j'enay pû trouver
Comme s'il étoit defendu
Ou que la chose fût infame
On ne trouve plus de femme
Qui refuse un homme assidu
Il n'est donc point de chasse en Ville
Direz vous s'il en est dix mille
Que fait donc la femme de bien
Je vay vous le faire comprendre
Elle ne donne jamais rien
Mais elle laisse toujours prendre

Reproches aux Dames.
SONNET.

Vous qui pouvez tout vaincre & n'étez que foiblesse
Peché de la nature adorable a vos yeux   Ai-

Aimables ennemis, poison delicieux
Tirans dont le joug plait d'autant plus qu'il nous bleſſe.

Obiet par qui la Terre aſſuietit les cieux
Sources de nos plaiſirs, comme de nos Triſteſſes
Dont le charmant orgueuil a malgré les déeſſes
Fait gemir dans ſes fers, le plus puiſſant des dieux.

Delices de nos cœurs, paradis de nos ſens
Sexe, qui tous les jours braue les conquerans
Par des trais enchantez t'en ſais rendre le maitre.

Eſcüeils contre les quels il eſt doux de perir
Femmes pour une fois que vous nous faites naitre
Helas combien de fois nous faites vous mourir.

SON-

SONNET.

Pour être mis sur le Tombeau de Madame La Princesse de Turenne.

Cy git la plus Illustre & plus incomparable
De celles, qui jamais soûmirent la grandeur
Au Triomphe sanglant du glorieux Sauveur
Qui sur tous les tresors. luy parut estimable.

Elle eût en son Heros tout le bien desirable
Rien du monde, que luy, n'en a touché son cœur
Qu'elle eût comme le sien incapable de peur
Pour tout ce que la mort a de plus effroyable.

Elle eût peu de repos, de Joye & de santé
Elle

Elle fut tout esprit, & toute charité
Pieuse, humble, modeste, & sage sans seconde.

Le doux Ravissement qui la vient secourir
Puis que des si long temps elle étoit morte au monde
C'est revivre pour elle, ou d'autres vont mourir.

Autre Sonnet.

*Ou l' Adieu de
La France a Madlle de Nemours
Duchesse d'Aumale, sur son
Mariage avec le Roy de Portugal.*

Admirable princesse, & la mieux acheveé
Dont cet heureux pays se vit j'a mais orné
Je me repens presque de l'avoir trop donné
Puisque c'est pour cela, que tu m'es enlevée.
Com-

Comment sans te pleurer étre de toy privéé
Toy qu'avec cet esprit le mieux illuminé
Ce cœur le plus Royal & le mieux coronné
J'avois si cherement en mon sein élevée.

Mais va pour subjuguer l'ennemy de la croix
Faire du Portugal un vray portaux gaulois
Gaigne moy ce grand cœur du Prince qui t'adore.

Quel secours en tes yeux n'aura t'il point de moy
Va donner au levant une nouvelle aurore
Et que mes lys par tout fleurissent avec foy.

A. U

AU DUC
CHARLES de LORRAINE.

SONNET.

Une Fille d'Apoticaire
   d'Humeur galante a sçu vous plaire,
Mais, Vieux Duc, on ne sçait comment
Pour l'elever en Souveraine
Vous n'avez pris qu'un lavement
Qui vous fait rendre la Lorraine.

Chez vous, Grand Duc, l'amour fait rage
Il mal traite vostre courage,
Et n'entreprend rien qu'a demy,
Vous en vouliez a Marie Anne
Mais elle hait comme Susanne
Ce qu'on donne a la Saint Remy.

Aller de nuit pour la surprendre,
Briser la porte, & ne rien prendre
N'est ce pas tout faire a demy,

Hony

Hony soit il, qui mal y pense
Mais pour loger vostre Excellence,
N'attendez pas la Saint Remy.

AUTRE

Par Son Altesse Royalle de Savoye,

A Madamoiselle de Valois.

Ce que tu dis, chacun le sçait,
L'amour François est adorable,
Et tout ce que j'ay vû d'aymable
N'en est qu'un crayon imparfait.

Elle n'a pas un petit trait,
Que l'Art ne juge inimitable,
Le ciel n'a rien fait de semblable,
Mais je n'en ay que le Pourtrait.

Loing d'elle mon impatience
Dans cette longue & dure absence
Me fait souffrir mille douleurs.

Amour! allez dire a ma belle,

Qui je languis, que je me meurs !
Mais ne revenez pas sans elle.

LE TOUT EN TOUT.

DU TEMPS.

Le Roy enfans ignore tout
La Reyne Regente donne tout
Le petit Duc d'Anjou sçait tout
La Reyne d'Angleterre pleure tout
Le Duc d'Orleans joüe tout,
Madame prie Dieu par tout
Mademoiselle est triste de tout
La Princesse Doüagiere preste tout
Madame la Princesse souffre tout
Le Prince de Conde prend tout
Le Duc de Vendosme espere tout
Le Duc de Mercœur voit tout
Beaufort se defie de tout
Longueville prevoit tout
Messieurs de Guise attendent tout
Le Duc d'Elbeuf paye tout
Le Comte d'Harcour fuit tout

Le

Le Duc d'Angoulesme rit de tout
Celuy de Montbazon va par tout
Pendant que sa femme fait tout
Le Cardinal enleve tout
Monsieur Fouquet gâte tout
Le Chancelier sélle tout
De Genegaud signe tout
Monsieur Tubœuf controlle tout
Monsieur de la Valette justifie tout
Les Courtisans admirent tout
Les Jansenistes blasment tout
Leur Contestateurs approuvent tout
Les Predicateurs deguisent tout
L'Espagnol se prevaut de tout,
Les Hugenots rient de tout
Les Partysans demandent tout
Apres avoir Pillé par tout
Et ne rendront pas si tost tout
Le Parlement verifie tout
Le premier President releve tout
Et l'on l'accuse de tout
Quoy qu'il ne fasse pas tout
De Bruxelles a broüillé tout.
Le peuple de Paris crie de tout
Le Courier fait mention de tout

Les

Les Estrangers escrivent tout
On n'a pas pû aller par tout,
Les Fanfarons terrassent tout
La Riviere a amené tout
Le Prevost de marchans pille tout
Les Eschevins retranchent tout
d'Aubry preste la main a tout
Et criminel corrompe tout,
Les Commissaires depouillent tous
Les Marchants conserve tout
Les Chicaneurs ne font rien de tout
Et les armuriers vendent tout
Les moines prient Dieu pour tout
Les gens de guerre volent tout
Poux & Punaises manchent tout
Les morpions s'attachent par tout
Les Poëtes parlent de tout
Quoy qu'ils ne gaignent rien de tout
Les Artisans out quitté tout
Enfin c'est Feste par tout
Et le temps a consommé tout
Tout va par tout, tout est par tout,
Et tout le monde agit par tout,
Les pauvres François souffrent tout
Et a la fin ils perdront tout

Si

Si Dieu ne met la main a tout,
Le grand Diable emportera tout.
FIN.

LES PRIERES
DE ROME.

Pour calmer la Justice colere
De Louis ce grand Dieu donné,
Toute l'Eglise est en priëre,
Et desia cette Sainte Mere
Pour adoucir son Fils aisné
A dit tout son *Domine né*,
Les moines en ont pris la haire,
Toutes les Cloches ont sonné
Et le Frere a dit a son Frere
Orate Fratres, *Oratê*
Car le Seigneur est irrité :
L'on ne quitte point le Breviaire
Chacun chante *Miserere*,
Mais le Seigneur *in furore*
Dit a cela *lere lan lere*
Et sur l'Evangile a juré
Que pour n'avoir pas reparé

Cet attentat si temeraire
L'on en payera la folle en chere,
Et que son honneur malmené
Fera dire a maint pauvre haire
Au bout d'un bois patibulaire
In manus tuas Domine !
Tout le peuple en a souspiré,
Un Cardinal en a pleuré,
Et mesme a dit que le Saint Pere
En porte au cœur douleur amere,
Mais quoy qu'il en puisse deplaire
A ce grand *Triple Couronné*,
Le plus facheux de cette affaire
Est le pauvre deffunt libraire,
Et le beau page assassiné :
Si cet Assassin furieux
Pensant massacrer la plus belle
Et la plus charmante mortelle
Qui soit aujourdhuy souz le cieux
A pris son beau page pour elle
Ce n'est pas qu'il n'eut de bons yeux,
C'est qu'il eust faute de cervelle
Et qu'il crût faire pour le mieux,
Prenant comme on fait en ces lieux
Le masle au lieu de la femelle.

AU-

AUTRE.

Je m'estonne fort que Crequy
Ait eu des demelez dans Rome,
Car je ne connois aucun homme
Qui soit plus capable que luy
De vivre en cette Sainte Terre,
L'on dit qu'il n'aime pas la guerre,
Mais plustost les plaisirs Romains
Et lors que je le voy aux mains
Avec les Peuples d'Italie
Je dis, o la belle action !
L'amour qu'il a pour sa patrie
Force son inclination.

DIFFERENCE
des
CINQ NATIONS.

A Sçavoir. L'Allemande.
l'Angloise, la Françoise,
l'Italienne, & l'Espagnole.
En Conseil.
l'Allemand,   Tardif.
                             l'An-

l' Anglois   irrefolu.
Le François   precipitant.
l' Italien   fubtil.
l' Efpagnol.   cauteleux.

EN FOY.

l' Allemand   fidel.
l' Anglois   defiant.
Le François   leger.
l' Italien   avantageux.
l' Efpagnol   Trompeur.

EN AFFECTION.

l' Allemand   ne fçait pas aymer.
l' Anglois   en peu de lieux.
Le François   ayme par tout
l' Italien   fçait comme il faut,
l' Efpagnol   ayme bien.

EN CORPS.

l' Allemand   grand & gros,
l' Anglois   de belle taille,
Le François   de bonne mine,
l' Italien   mediocre & gentil,
l' Efpagnol   effroyable.

C   EN

EN HABITS.

L'Allemand	pauvre,
L'Anglois	superbe,
Le François	changeant,
l'Italien	lugubre,
l'Espagnol	modeste.

EN HUMEURS.

L'Allemand	inegal,
L'Anglois	altier.
Le François	inegal & gausseur,
l'Italien	plaisant,
l'Espagnol	grave.

EN COURAGE.

L'Allemand	comme un Ours,
L'Anglois	comme un Lion,
Le François	comme un Aigle,
l'Italien	comme un Renard,
l'Espagnol	comme un Elephant.

EN BEAUTE.

L'Allemand	comme une statuë,
L'Anglois	comme un Ange,
Le François	comme un homme,
	l'Ita-

l'Italien   comme il veut,
l'Espagnol   comme un diable.

EN SCAVOIR.

L'Allemand   comme un pedent
L'Anglois   comme un Filosofe
Le François   fait de tout un peu
l'Italien   comme un docteur
l'Espagnol   profond.

EN SECRETS.

L'Allemand oublie ce qu'on luy dit,
L'Anglos tait ce qu'il faut dire, &
    dit ce qu'il faut taire,
Le François evente tout,
l'Italien ne dit mot,
l'Espagnol est fort secret.

En injures & bien faits.

L'Allemand   ne fait ny bien ny mal,
L'Anglois   aime & fait mal,
Le François oublie le mal & le bien
    qu'il fait & qu'on luy fait,
l'Italien est promt & vindicatif,
l'Espagnol recompense le bien & le
    mal.

EN REPAS.

L'Allemand yurogne,
L'Anglois gourmand,
Le François delicat,
l'Italien sobre,
l'Espagnol chiche.

EN PARLER.

L'Allemand hurle,
L'Anglois pleure,
Le François chante,
l'Italien joüe la farce,
Et l'Espagnol parle.

EN PLUME.

L'Allemand parle peu, & écrit beaucoup.
L'Anglois parle mal, & écrit bien.
Le François parle bien, & écrit mal.
l'Italien parle bien, écrit bien mais beaucoup.
l'Espagnol parle peu, écrit peu mais bien.

EN FAÇON.

L'Allemand rarement a bonne mine,

Le

L' Anglois a la mine, ny d'un fol n'y d'un fage,
Le François a la mine d'un etourdy & il l'eſt en effet.
l'Italien a la mine d'un fage, & eſt fol.
l'Eſpagnol a la mine d'un fol & il eſt fage.

EN LOIX.

L' Allemand a des loix telles qu'elles
L' Anglois a de mauvaiſes loix, & les obſerve ſoigneuſement,
Le François a de bonnes loix, & les obſerve mal.
l'Italien a de belles loix, & les obſerve bien,
l'Eſpagnol a de belles loix, & les obſerve ſeverement.

EN RELIGION.

L' Allemand irreligieux,
L' Anglois devot,
Le François zelé,
l'Italien ceremonieux,
l'Eſpagnol Bigot.

DES FEMMES.

En Allemagne menageres,
En Angleterre Reynes,
En France dames,
En Italie prisonnieres,
En Espagne esclaves.

DES MARIS.

En Allemagne maîtres,
En Angleterre valets,
En France Compagnons,
En Italie geolliers,
En Espagne Tyrans.

DES SERVITEURS.

En Allemagne Compagnons,
En Angleterre Esclaves,
En France maîtres,
En Italie respectueux,
En Espagne suiets.

EN MAGNIFICENCE.

Les Allemans en des forteresses,
Les Anglois en navires,

Les.

Les François en leur Cour,
Les Italiens en leurs Eglises,
Les Espagnols en leurs armes.

EN MALADIE.

Les Allemans ont les gouttes,
Les Anglois les loups,
Les François la verolle,
Les Italiens la peste,
Les Espagnols les écrouelles.

FIN.

L'Amour sans Esperance

ELEGIE

PAR

Monsr. le Comte de Guiche.

Amour unique autheur de ma flame insensée
Regarde ou ton audace éleve ma pensée,
Le ciel a fait Iris du Sang de demy Dieux
Et joint l'esclat du trosne á celuy de ses yeux,
Elle a de tous les deux le charme & la puissance,
Et son cœur est Royal, ainsy que sa naissance,
Helas ! que de malheurs dans mes desirs ardens
Se presentent en foule á mes feux imprudens,

Tu

Tu me conduis amour, mais pour sauver ma teste,
Aprens moy le secret de parer la tempeste,
Qui pour les chatimens, que j'ay bien merité
Grondent sur mon audace, & ma temerité,
Connois tu bien enfin la grandeur de ton crime
Plus ton dessein est grand, moins il est legitime,
Et les Roys & les Dieux en de tels attentats
N'ont point pour le punir de foudres ny de bras.
Mais il ne répond rien ; cet aveugle s'obstine,
Et court au precipice, ou son sort le destine
D'un langage muet, il parle toutefois
Et me dit qu'il est maistre & des Dieux & des Roys,
Que leur cœur á ses traits n'est pas impenetrable,

Qu'on peut aimer par tout sans se rendre coupable,
Que son flambeau s'allume, & s'eteint en tout lieu,
Et qu'on ne peut errer souz les ordres d'un Dieu,
Qu'un cœur par cette audace, acquiert beaucoup d'estime,
Qu'il faut de la vertu pour connoistre un tel crime,
Il punira son crime en le mettant au jour
Mais quoy si le respect est maistre de l'amour,
Je souffriray les maux d'une peine eternelle
Pour n'oser decouvrir ma flamme criminelle,
Trop injustes tirans je veux vous contenter,
Cessez, cessez tous deux de me persecuter.
Il faut parler amour, respect il faut vous taire,
Je n'oserois parler, mais je ne puis me taire, Amour

Amour je parleray, mais pour ton châtiment
Je diray ton audace aux rochers seulement,
Les boys de mes ennuys fidelles Secretaires
Seront de mes desirs les seuls depositaires,
Ces tesmoins innocens d'un amour si constant
Garderont à jamais ce secret important.
Respect je me tais donc, la beauté que j'adore
Ne sçaura jamais rien de ce qui me devore,
Un silence obstiné dans le fond de mon cœur
Renfermera mon crime avec ma douleur,
D'une chaisne puissante, eternelle & cachée
Il y tiendra ma peine à ma flamme attachée,
Et je feray puny de ma temerité.

Dans la meme prison, ou j'ay trop attenté,
Impetueux transports de ma flame indiscrete,
Je veux vous immoler á ma peine secrete,
Esclaves insolens, qui voulez me trahir
J'ay trouvé le secret de me faire obeir,
Si souffrir de l'amour est un parfait indice
Vous en ferez pour moy l'eternel sacrifice,
Vous brulerez tousjours pour cet objet charmant,
Mais vous n'aurez jamais aucun soulagement,
Brulez secrets desirs de mon cœur qui souspire,
Mais brulez sans espoir, & souffrez sans le dire,
Dure fatalité, funeste aveuglement,
Mais douleurs volontaires, agreable tourment,
Tyranniques souhaits, plaisirs imaginaires

Qui cachéz de vrais maux souz la douleur chimere,
Que voules vous de moy ? Je vay Iris sans voir,
Contre vos faux apas je n'ay point de pouvoir,
De vos charmes trompeurs mon ame est possedée,
Le bien que vous m'offrez n'est qu'un bien en Idée,
Je desire un bonheur, que je n'ose esperer,
Je voy mes vains desirs sans cesser d'aspirer,
Je suy ce qui me fuit par une ardeur fatale,
Et l'ardeur qui me brule, est l'ardeur de Tantale,
De vos illusiers je suis tout obsedé.
Mais je n'ay point failly, pour leur avoir cedé,
l' Objet que j'idolatre est un Tiran Auguste,
Son empire est cruel, mais son pouvoir est juste,

Si

Si le joug qu'elle impose m'est facheux á porter,
C'est un joug couronné, que je doy respecter,
Mon cœur doit adorer la cause de mes peines,
Rien sans impieté ne peut briser mes chaisnes,
La gloire de mourir dans dans si nobles fers
Vaut mieux que le bonheur de regir l'univers,
Je souffre avec excez, mais je souffre sans honte
Pour grand que soit mon mal, ma gloire le surmonte.
Ce que mon cœur me dit est un noble attentat,
Et j'aurois moins osé pour un Crime d'estat,
S'il faut que la douleur ou le destin m'accable
Je veux perir du moins sans en estre coupable,
Le peril que je cours ne sçauroit me troubler,

La

La foudre tombera sans me faire trembler,
En moy de Phaëton le sort se renouvelle,
Mais enfin mon audace est plus fiere & plus belle,
Cet illustre imprudent, ce noble audacieux
Porta par tout le feu du grand flambeau des cieux
Mais j'ay mis dans mon cœur d'une ardeur sans seconde
Un flambeau plus brillant, que le flambeau du monde,
Il se perdit luy meme en brulant l'univers.
Je brule tout seul, & moy seul je me perds,
Chacun vit les effects de son malheur extreme,
Mais pour temoin du mien, je n'ay rien que moy méme,
Il fut aux yeux de tous l'ennemy de son bien,
Et je suis mon bourreau sans qu'on en sçache rien, Fidel

Fidel á me trahir, & constant á me nuire
Je nouris dans mon cœur ce qui me veut détruire,
Je cheris l'ennemy qui doit m'oster le jour,
Et le respect me tue en depit de l'amour,
Beauté dont le pouvoir tirannique & supreme
Me fait souffrir un mal qu'elle ignore elle méme,
Tois qui forçois mon cœur á vivre souz ta loy
En Esclave inconnu sans se plaindre de toy,
Si jamais de mon mal l'extreme violence
Me contraint par mes yeux á rompre mon silence,
Si les meroirs trompeurs de ce zele indiscret
Osent malgré mes soins decouvrir mon secret,
Ne punis pas mon cœur d'un avis si sincere,

C'est

C'eſt un crime des yeux qui n'eſt pas volontaire.
Si eux feront du mal, ne peut tomber ſur luy,
On n'eſt pas criminel par faute d'autry,
Il a trop de reſpect peur parler & ſe plaindre,
Il ſe connoit trop bien pour ne pas ſe contraindre,
Le ſilence le rend juſques au monument
De ſa temerité l'eternel chatiment,
Et que la gloire meſme accompagne au tombeau
Celuy qui peut mourir pour un crime ſi beau,
Auſſy dans la douleur dont mon ame eſt atteinte
La foureur de la mort me donne peu de crainte,
Ce n'eſt pas la le mal qui trouble ma raiſon,
Mon coeur eſt attaqué par un ſecret poiſon,

Que

Que je ne puis cacher fans me perdre moy méme,
J'aime & n'ofe le dire á la beauté que j'aime,
L'amour & le refpect combattent dans mon cœur,
Le vaincu me peut nuire autant que le vainqueur,
Chacun de ce combat veut remporter la gloire,
Mais je crains la défaite autant que la victoire,
L'amour poufle des vœux qu'il ne peut revoquer,
Le refpect le retient, quand il veut s'expliquer,
L'un aux terreurs de l'autre oppofe fon audace,
L'un eft armé de feux, & l'autre l'eft de glace,
L'un ne fouhaite rien, l'autre a mille defirs,
L'un prevoit des tourmens, & l'autre des plaifirs,
L'un ne peut rien ofer, l'autre n'ofe rien

rien craindre,
L'un s'obstine au silence, & l'autre veut se plaindre,
L'un cherche à se cacher, l'autre à estre connû,
L'un est trop emporté, l'autre trop retenu,
Mille secrets transports d'une ardeur violente
Font contre les respects une guerre sanglante,
Mille soupirs d'amour cruellement génez
Sont augré du respect dans mon cœur enchainez,
Si l'amour au respect fait quelque violence,
Tout le ciel va tourner contre son insolence.

FIN.

MADRIGAL.

IL faut pendre Fouquet, j'en demeure d'Accord,
Il a trop abusé (Sire, de vos Finances,
Mais si l'on pend tous ceux qui meritent la mort
Il va bien couter en Potences,
Cependant tous les fonds sont desia destinez
Et quand le Charpentier en aura fait l'avance
Sire, si vous ne l'ordonnez
Colbert ne passera jamais cette depense.

LE JEU des DEZ.
OU LA RAFLE de la COUR.

Le Roy.

LA Primauté emporte tout.

La Reyne.

A moy les dez je vay faire un bon coup.

Monsr. d'Orleans.

J'ay joué a depéche Compagnon.

Monsr. de Vandôme.

J'ay toujours craint rafle de trois.

Monsr. de Mercœur.

Je veux joüer maintenant, personne n'empéchera mon jeu.

Mr. le Cardal Mazarin.

J'ay tout gaigné jusqu'a present j'ay fait rafle de quattre,

Monsr. de Beaufort.

Si je pouvois faire un point de plus en rafle, mon jeu seroit plus beau que le vôtre.

Monsr. le Coadjuteur.

Si je n'usse menagé mon jeû, j'aurois perdu jusqu'a ma crosse.

Monsr. de Bruxelles.

Ceux qui pensoient joüer a la rafle contre moy, je les feray joüer a l'oison.

Le Prince de Condé.
Toute ma chance est tournéé.

Mr. de Longueville.
Voulant piper j'ay été pris sur le fait.

Monsr. le Prince de Conty.
Nous sommes a deux de jeu.

Monsr. Perrot Président.
J'ay perdu partout, on a fait rafle de dix huit sur nôtre jeu.

Le Marechal de Grammont.
La rafle me deplait le jeu de 7 & bera me seroit plus agreable.

l'Abbé de la Riviere.
Tout le monde croit que je triche.

Madame d'Orleans.
Monsr. a toujours perdu, mais main-nant il a beau jeu.

Mademoiselle.
Il y a long tems que j'attens un bon hasard.

Madame de Chevreuse.
Je conseille mieux que je ne joüe.

Ma-

Madame de Montbazon.

La piece que je mets toujours me fait gaigner.

Monsr, d'Harcour.

Je m'en vay, je gaigneray plus en Normandie, qu'à Paris,

Messre de Bouillon, de Turenne & de la Monscaye.

Nous aspirons tous a une bonne rafle, mais on nous contraint de passer.

Monsr. le Chancelier.

Je m'entretiens toujours, dans le hazard du jeu.

Monsr. d'Auan.

Tandis qu'on ramasse le jeu, je ne perds point au tems.

Monsr. de Chateau neuf, garde des eaues.

Il y a long tems je regarde joüer.

Monsr. Molé premr President.

J'aurois plus gaigné de joüer le franc jeu, la tricherie revient toujours a son maitre.

Monsr.

Monsr. démery Surintendant.
Je me devois tenir a mon gain je me repens d'avoir rentré au jeu.

Monsr. d'Aligre Coner d'état.
Ma chance n'a guere duré.

Monsr. Tubœuf Intendant.
Je me tiens de joüer car il y a fort peu de chose au jeu.

PRIMERA GIOCCO

POLITICO di CORTE.

PAPA.

S'E ben Cattivo é il giocco non pamiro che posso star' in piedi con un scarto.

J'ay mauvais jeu, je ne m'en va pas puisque je puy demeurer ferme en fesant un écart.

IMPERATORE.

Mi trouo tantó in questo Giocco im-

merſo que ſe non vien un fluſſo gia
ſon perſo.

J'ay ſi mauvais jeu. qu'a moins d'un
flux jay déia perdu.

FRANCIA.

Non puo Reûſcir, queſto Giocco in
vano tengo Cinquante cinque e piu
la mano.

Mon jeu ne peut reüſſir en vain puis
que jay 55. & de plus la main.

SPAGNA.

Vorei che andaſſe a morte queſto
Giocco. Vinſegnarei a gioccare pocò a pocò.

Je voudrois que ce jeu fût perdu & je
vous enſeignerois a joüer peu a
peu.

INGLITERRA.

In queſto giocco Altro cy vuole che
braccie.   D   Gran

Gran spavento mi dan due figura-
cie.

En ce jeu il me faut des embrassades
Grande epouvente me donnent deux figures.

PORTOGALLO.

Ah Come voglio far il bel humore
Se n'ella Carta trovo il Ré da fiore.

Ah que je serois de belle humeur &
brave,
Si dans mes cartes le Roy de Treffle
je trouve.

TURCO.

A che Tantò aspetar finiamo la
presto ad honor di Maometto vada
il resto.

Qu'est ce que nous attendons, ache-
vons
A l'honneur de Mahommet le reste
faisons.

GENOUA.

Al trenta none in man può venir lasso
Pur meglio è il retirrarsy & dar il passo.

Au trente neuf en main peut venir l'as
Pourtant il vaut mieux le retirer & donner le pas.

LUQUES.

Il vincer pur achi si voglia cada
Che noi solo vi siame per il vada.

Gaigne qui voudra, que nous seuls sommes pour le vado.

GRAN DUCA.

Mischiate pur quanto vi per le Carte
Del mio giocar non scorgerete l'arte.

Mélés les cartes, tant que vous voudrez

L'artifice de mon jeu, vous ne connoistrez.

HOLLANDE.

Se l'arle noi sapiamo Lodica Spagna
Che del nostro Gio car amor si lagna.
Dis l'Espagne si nous savons le jeu
Puisque de nôtre façon de joüer
Elle se plaint en tous lieux.

SAVOYE.

Giocci par chi vule ognuna sua posta.
Che troppo carra la Francia mi costa.
Joüe qui voudra chacun a la volonté
Car trop cher la France me coûte.

VENETIA.

Se pur del giocco ancor io manquiar

quiar l'arte
Ma pero non secondano la carte.
L'art du jeu je saurois bien
Mais le cartes me secondent en rien.

MANTOUA.

Dal Flusso se mi salvo, assai
Una sol carta aspetto, & non me
   vien mai.
Si je me sauve du flux, je fais assez.
Une seule carte j'attens, elle ne vient
   jamais.

PARMA.

Lascia mi Giocar poter del dio
Giocco l'altrui por aquistar il mio.
Par la puissance de Dieu laissez moy
   joüer.
Je joue l'autruy, pour le mien rega-
   gner.

MODENA.

Piano al gioccar non vorrei gia far
   fallo
                                  Che

*Che farrei ferto un latin a Caval-
le.*
Tout beau en joüant, faute je ne voudrois faire,
Car a cheval le latin reciter on me fe-
roit.

MILLANO.

*Non voglio in questo giocco esser
Rotto.*
*Da toutti i giaccatori mi facio
Sotto.*
Je ne veux estre dans mon jeu rompu
Car de tous les joüeurs je serois abat-
tu.

SUETIA.

*Un sette, un cinq, & un asso, o un
sei di Cuore*
*Se non l'importa e un fusso Mag-
giore.*
Un Sept, un Cinq, & un as ou un six
de Cœur
Si l'on n'egale est un grand flux.

FIN.